Couvertúres supérieure et inférieure
manquantes

APERÇU

SUR LA NOUVELLE ÉGLISE

DE

Sᵀ-MARTIN.

Omnia in mensurâ et numero et pondere.

(Sap. XI, 21.)

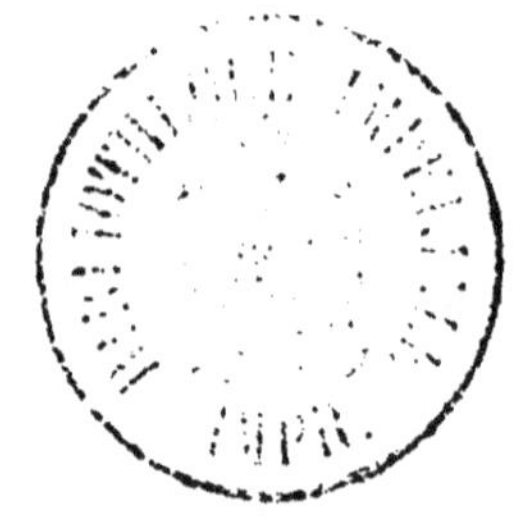

PAU,

IMPRIMERIE ET LITHOGRAPHIE É. VIGNANCOUR.

—

1867.

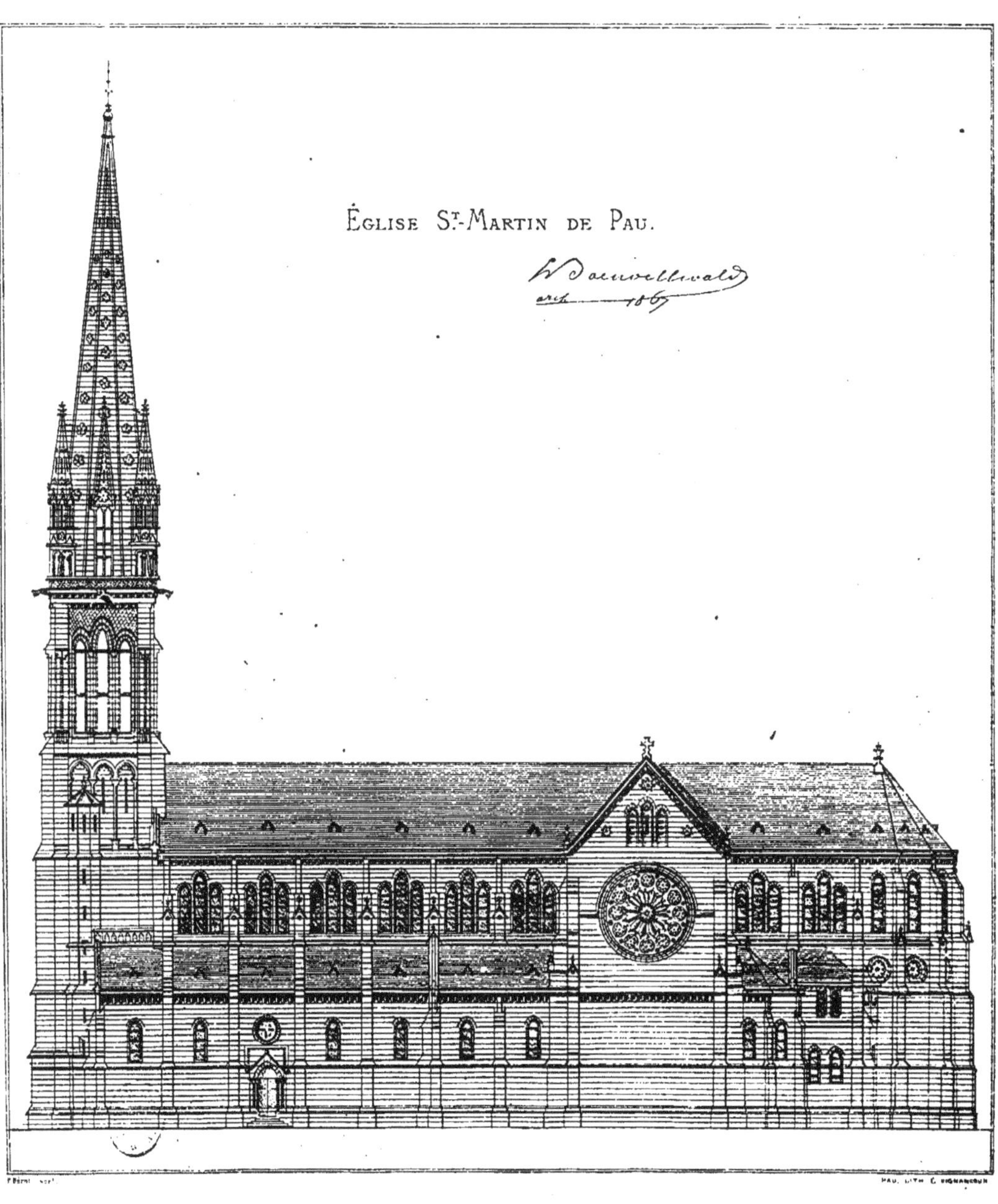

ÉGLISE ST.-MARTIN DE PAU.

Ce n'est pas le désir de se produire qui détermine l'auteur de ce travail à prendre la plume et à braver les périls de la publicité.

Il obéit à d'autres impulsions. Et pourquoi n'avouerait-il pas ingénument sa pensée ?

En jetant un coup d'œil sur le monument grandiose qui s'élève au milieu de nous, il se propose, par l'admiration de ce qui est fait et l'examen de ce qui reste à faire, d'intéresser le public à l'achèvement d'une si vaste entreprise.

A défaut d'autre mérite, le but qu'il poursuit, la droiture de ses intentions et la franchise de ses paroles lui obtiendront, il l'espère, la bienveillance de ses lecteurs.

INTRODUCTION.

Le 22 Mai 1863, Monseigneur *Lacroix*, Evêque de Bayonne, bénissait la première pierre de l'Eglise St-Martin, entouré d'une magnifique couronne de prêtres et au milieu d'un concours innombrable de fidèles.

Toutes les autorités avaient été convoquées. La paroisse entière était là, heureuse de voir dans cet acte solennel que ses vœux les plus chers ne tarderaient pas à être réalisés. La question de l'Eglise St-Martin qui pendant de longues années avait si vivement agité les esprits, qui avait subi tant de phases diverses, recevait une solution suprême et le sentiment religieux de la paroisse trouvait enfin une satisfaction légitime et trop longtemps attendue.

Cependant les travaux furent ajournés. Cette première pierre, qui avait ouvert tant d'espérances, fut condamnée à l'isolement. Le plan n'était pas définitivement arrêté. L'adjudication qui reposait sur des données incomplètes, n'aboutit pas, parce qu'elle ne pouvait pas aboutir.

Deux mois s'étaient écoulés depuis la grande manifestation du 22 mai. L'impatience de la paroisse était à son comble. Désireux d'y mettre un terme, le conseil municipal dans sa séance du 29 juillet décida à *l'unanimité moins une voix* « que » M. l'architecte sera invité à modifier le devis et la série des » prix conformément aux bases proposées par M. Escarraguel » et que M. le Préfet sera prié d'autoriser un traité de gré » à gré avec cet entrepreneur qui offre toutes les garanties » désirables de capacité et de solvabilité. »

(Mémorial des Pyrénées, 1er aout 1863.)

Le chiffre des dépenses s'élevait à la somme de 638,000 fr. La ville affectait à la construction du nouvel édifice 450,000 fr. et le reste était à la charge de la fabrique.

Dès que le chiffre de la subvention à fournir fut connu, la fabrique par l'organe de M. le curé de la Paroisse fit un appel à la généreuse libéralité des Paroissiens. On n'a pas oublié avec quel admirable élan ils répondirent à cet appel du Pasteur. La première liste publiée par le *Mémorial* dans son numéro du 26 novembre 1863 s'élevait à la somme de 129,440 fr. et la troisième et dernière liste constatait le succès de la souscription qui atteignait le chiffre de la subvention réclamée à la fabrique, c'est-à-dire 188,645 fr. 54 c.

Le *Mémorial* du 15 décembre publiait l'avis suivant : « M. le » curé de St-Martin remercie ses paroissiens du concours gé- » néreux qui a réalisé si promptement cette somme et prie » les personnes dont il n'a pu prendre les noms à cette pre- » mière souscription de vouloir bien tenir leur bonne volonté » en réserve pour le temps où les travaux intérieurs de l'Eglise » exigeront de nouvelles dépenses. Cette ressource en pers-

» pective laisse entrevoir le moyen d'assurer l'ornementation
» du nouveau temple élevé à la gloire du Seigneur. »

Désormais rien ne s'opposait à l'ouverture des travaux et le
1ᵉʳ janvier 1864, M. le Préfet annonçait avec bonheur au clergé
de St-Martin que le traité entre la ville et l'entrepreneur était
conclu et revêtu de son approbation et qu'on se mettrait à
l'œuvre immédiatement.

Ici nous aimons à proclamer bien haut la noble part que
M. d'AURIBEAU a prise à la question de l'Eglise. Grâce à son
concours bienveillant et efficace, les difficultés se sont évanouies
et aujourd'hui encore, nous le savons, avec ce goût délicat,
avec cet amour des arts qui le distingue, ce digne adminis-
trateur s'intéresse vivement aux progrès de l'édifice sacré et
lui accorde toutes ses sympathies. Aussi a-t-il acquis des droits
impérissables à la reconnaissance de la Paroisse et de la cité
tout entière.

Ce fut le lundi 11 avril, que les premiers coups de pioche
furent donnés pour ouvrir les larges tranchées qui devaient
recevoir les fondations de la nouvelle Eglise.

Dès ce moment les préoccupations qu'avait fait naître un
délai de dix mois apporté à la continuation de l'édifice depuis
la pose de la première pierre, disparurent entièrement et la
Paroisse St-Martin put oublier les luttes du passé dans les
joies du présent et les espérances de l'avenir.

On l'a dit bien des fois et il est inutile que nous le ré-
pétions, la ville de Pau, si richement dotée, présentait une
lacune regrettable. Fière à juste titre de son brillant soleil,
du torrent qui mugit à ses pieds, de ses habitations où l'é-
légance et le confortable ne laissent rien à désirer, de cette
ceinture de côteaux et de montagnes qui se déroulent devant
elle, comme un majestueux et ravissant amphithéâtre, elle
était complètement deshéritée au point de vue des monuments

religieux. A l'étranger qui visite ses murs ou qui vient lui demander la santé, elle n'avait à offrir que des Églises délabrées, insuffisantes et peu en rapport avec les sentiments religieux qui distinguent sa population éminemment catholique. L'Eglise St-Martin en particulier, placée vis-à-vis du château d'Henri IV, contraste par sa laideur avec le beau manoir de Gaston Phœbus. A la vue de ses murs irréguliers et disgracieux, le touriste sourit de pitié et ne peut revenir de sa stupeur en apprenant que c'est là la plus ancienne et la principale église, l'église-mère de la cité.

Mais s'il pénètre à l'intérieur, peut-être une agréable surprise lui est-elle réservée ? Hélas ! non. Il n'aperçoit que des piliers informes, d'horribles tribunes, des coins et des recoins qui enlèvent à l'édifice cette régularité que l'on trouve même dans la plupart des églises de campagne.

Privée de tout mérite architectural, notre vieille église a aussi de trop faibles dimensions et ne peut abriter dans son étroite enceinte les nombreux fidèles qui, surtout aux jours des grandes solennités, voudraient assister aux saints offices.

Grâce à Dieu, nous serons bientôt dédommagés par le splendide monument qui s'élève et que nous allons étudier, non pas sans doute avec le talent et les vastes connaissances qui conviendraient à cette étude, mais dans la mesure de nos forces et avec un entier dévouement.

CHAPITRE I.

Emplacement. -- Fondations. — Orientation. Architecte, —Matériaux employés;

Tout le monde connaît la parfaite convenance de l'emplacement de la nouvelle Eglise. C'est là qu'habitait une illustre famille, un moment déconcertée du sacrifice qu'on lui imposait, aujourd'hui heureuse d'avoir cédé la place au Souverain Maître de l'univers. Toute autre destination, attribuée à ce lieu gardien de ses souvenirs les plus sacrés, l'aurait laissée, nous le savons, à jamais inconsolable.

Nous n'avons pas besoin de faire ressortir tous les avantages de cet emplacement. Il est central, il est dégagé (1),

(1) Le Conseil municipal, dans sa séance du 7 janvier 1863, a décidé, sur la proposition de M. *Lecœur*, qu'un trottoir de cinq mètres, une rue de neuf mètres et un massif de treize mètres de largeur seront établis à l'Est et à l'Ouest de la nouvelle Eglise. La rectification projetée de la rue Henri IV donnera sur la façade principale un dégagement de plus de trente mètres et derrière le chevet, une plate-forme avec une large terrasse, ayant vue sur le boulevard, complètera l'isolement de l'édifice.

il est assez éloigné du tumulte des rues pour être favorable au silencieux recueillement que réclament impérieusement nos sanctuaires. La Providence nous a pleinement dédommagés et nous n'avons rien perdu pour attendre. Le local St-Louis, autrefois objet de tant d'irritants débats, et que l'on avait eu raison de revendiquer à cause de la destination qu'il avait reçue de nos pères, n'aurait pas répondu aussi bien, il faut l'avouer, à toutes les exigences dont une église paroissiale est l'expression.

Les fondations ont été traitées consciencieusement. On a creusé à une profondeur de deux mètres ; dans le bras droit du transsept, des difficultés de terrain ont nécessité des fondations colossales. Il a fallu pour arriver au solide, fouiller à près de douze mètres et combler ces abîmes avec des masses de béton. En un mot on n'a rien négligé pour asseoir une base inébranlable à l'édifice qui allait s'élever dans les airs.

La nouvelle Eglise est orientée du nord au sud. Quelques personnes ont vivement regretté qu'il n'ait pas été possible de l'orienter de l'ouest à l'est, comme on l'a pratiqué généralement en France à partir du XIe siècle et comme le prescrivent les constitutions apostoliques.

Il existait à Paris, au XIVe siècle, une église dédiée à Saint-Benoît, dont le maître-autel était tourné à l'occident, et qui, par cette raison, était appelée *Saint-Benoît-mal-tourné.* (*Sanctus-Benedictus-malè-versus*).

Rebâtie plus tard avec son autel au levant, elle reçut le nom de *Saint-Benoît-le-Bétourné* (Benè-versus). (1)

<hr>

(1) Bourrassé. — Dictionnaire d'Archéologie Sacrée, t. 2, p. 47E.

Les exceptions à cette règle ont été dues à des circonstances impérieuses. Or , nous croyons que nous sommes ici dans un de ces cas exceptionnels.

Indépendamment des achats considérables de terrains qu'eût exigés l'orientation liturgique et que l'état des finances de la ville rendait impossibles , il suffit , selon nous , de jeter un coup d'œil sur l'emplacement Gontaut pour comprendre tout ce que le monument aurait présenté de disgracieux, si son axe longitudinal se fût dirigé du couchant au levant.

D'ailleurs cette règle n'est pas absolue et on y a souvent dérogé. Tout système d'orientation peut trouver son modèle à Rome même parmi les plus anciennes églises. Ainsi Saint-Pierre et Sainte-Marie-Majeure sont orientées de l'Est à l'ouest. Saint-Jean de Latran, Saint-Grégoire et d'autres encore sont orientées, comme la nôtre, du nord au sud. Mais pourquoi chercher si loin des exemples ? Nous n'avons qu'à regarder autour de nous. Parmi les nombreuses églises et chapelles de Pau, la vieille église de St-Martin et celle de St-Louis de Gonzague sont les seules où les règles de l'orientation liturgique aient été observées.

L'architecte de l'Eglise St-Martin est M. Boeswillwald, officier de la légion d'honneur, inspecteur général des monuments historiques. Par un choix, qui dispense de tout éloge, le gouvernement l'a chargé de la restauration de la Ste chapelle et de Notre-Dame de Chartres, ces deux bijoux de l'architecture ogivale. Sa science profonde n'est égalée que par sa modestie. Nous l'avons entendu s'écrier en parlant des artistes du Moyen-Age, auxquels tant d'autres jettent la pierre : Ils avaient plus de savoir et de goût que nous !

Mais tout en admirant les chefs-d'œuvre que nous a légués le passé, en les étudiant nuit et jour, suivant le conseil d'Horace : *Nocturnâ versate manu, versate diurnâ,* il a trouvé le secret de rester original dans ses conceptions. Il a pris le genre, le faire de ses plus célèbres devanciers, mais il n'est pas leur servile imitateur; il est leur émule et comme eux, il laisse empreintes sur ses œuvres la distinction de son talent et la pureté de son goût.

Les matériaux employés pour la construction de la nouvelle Eglise sont la pierre d'Arudy pour les colonnes de la nef, les soubassements des murs, les appuis des fenêtres et la partie inférieure du clocher, c'est-à-dire pour toutes les parties de l'édifice, servant de points d'appui, portant une forte charge, ou exposées à être dégradées. Les murs sont en cailloux et libages avec revêtement extérieur en pierre d'Angoulême. Les encadrements des fenêtres et des roses, les colonnettes, les arcs-doublaux, diagonaux et formerets des voûtes sont de même en pierre d'Angoulême.

Nous n'avons pas besoin de faire l'éloge de ces matériaux.

La pierre d'Arudy est remarquable par sa solidité et ses nuances grisâtres. La pierre d'Angoulême, quoique inférieure à la première, est néanmoins très belle et offre toutes les garanties désirables de stabilité et de durée.

D'après le plan primitif et le devis, les murs extérieurs devaient être en petits cailloux crépis.

La fabrique de St-Martin a compris que lorsqu'il s'agit de bâtir, sinon pour l'éternité : *æternitati pingo*, du moins pour plusieurs siècles, il ne fallait reculer devant aucun sacrifice raisonnable. Comptant sur ses propres ressources et sur la générosité des paroissiens, elle a offert un revêtement en pierre d'Angoulême, qui a coûté jusqu'ici 54,000 fr. et par là elle a acquis des droits à la reconnaissance de la ville.

Nous ne terminerons pas ce chapitre sans payer un légitime tribut de louange à l'habile direction des travaux et à la perfection avec laquelle ils ont été exécutés. C'est l'opinion unanime du public et en particulier celle des hommes compétents qui s'entendent à la coupe des pierres et à l'art si difficile d'appareiller un édifice aussi compliqué qu'une église monumentale.

Pour nous, en face de ce bel appareil, nous avons pensé plus d'une fois à l'hymne de la dédicace des églises.

> Scalpri salubris ictibus
> Et tunsione plurima
> Fabri polita malleo
> Hanc saxa molem construunt,
> Aptisque juncta nexibus
> Locantur in fastigio.

CHAPITRE II.

**Plan de l'Eglise. — Dimensions. — Style adopté.
Ornementation intérieure.**

L'église nouvelle a la forme d'une croix latine et sa division intérieure ressemble à celle des anciennes basiliques. Elle se compose d'une nef centrale, de deux nefs secondaires, d'un transsept, d'un chœur terminé par une abside à sept pans coupés, et de quatre autres absides, deux carrées et deux de forme polygonale. Les sacristies sont situées derrière les chapelles absidales et s'ouvrent à droite et à gauche à la deuxième travée du chœur.

Elles ont un premier étage, occupé par la chambre du prédicateur et la Bibliothèque, ou le Trésor. Ces dispositions sont conformes aux usages établis dans plusieurs anciennes cathédrales. Les vases sacrés, les ornements précieux étaient renfermés dans de grands coffres habilement sculptés et ces objets étaient ainsi déposés dans de petites salles dites *du Trésor* ; ces salles étaient éclairées par des fenêtres étroites, pourvues de solides grillages.

La Bibliothèque, comme on le devine sans peine, comprend les Antiphonaires, les Missels et tout l'ensemble des livres nécessaires dans une église. A St-Martin, elle renfermera en outre les ouvrages que l'œuvre des bons livres, connue sous le nom de *Bibliothèque Paroissiale*, cherche à répandre parmi les fidèles, pour neutraliser les funestes effets des mauvaises lectures.

Deux chapelles de catéchismes sont élevées dans les angles formés par les bas-côtés et les transsepts, mais l'une de ces chapelles recevra une autre destination ; elle servira de grande sacristie pour les jours de solennité.

Nous ne voulons pas indiquer toutes les dimensions de la nouvelle église. Pour donner une idée de l'étendue, des vastes proportions de l'édifice, nous nous bornerons à dire: que sa longueur totale depuis l'extrémité des contreforts du porche jusqu'à l'extrémité de ceux de l'abside est de.. 70^m 50^c

Sa largeur totale entre les extrémités des contreforts du transsept est de.................. 36^m 20^c

Et la hauteur totale de l'édifice du sol à l'extrémité de la croix est de.... .... 77^m

Nous remarquons d'abord que la hauteur et la longueur sont à peu près égales; la différence vient sans doute de la croix qui surmonte la flèche et qui sera très-élevée, et la largeur est à peu de chose près la moitié de la longueur. De ces rapports doit naître dans l'ensemble une harmonie qui n'échappe à personne.

On se demande quelquefois pourquoi un édifice plait et pourquoi un autre ne plait pas. C'est uniquement parce qu'il y a dans le premier cas une juste proportion des parties entre elles et des parties avec le tout, et que dans l'autre cas cette proportion fait plus ou moins défaut.

Il serait facile de faire des rapprochements qui ne manqueraient pas d'intérêt. Il faudrait feuilleter un grand nombre d'ouvrages spéciaux. Nous nous bornons aux églises de Bordeaux que plusieurs de nos lecteurs ont visitées et dont nous trouvons les dimensions dans le *Nouveau Guide de l'Étranger.*

La cathédrale St-André a une nef vraiment imposante de 18 mètres de large dans œuvre, mais cette nef est unique et dès lors l'édifice est moins large que nos trois nefs qui ont 20 mètres dans œuvre et par conséquent deux mètres de plus. L'antique église Saint-Seurin a, comme celle de St-Martin, 11 mètres pour la nef centrale, mais la largeur des trois nefs n'est que de 18 mètres. Après la Cathédrale, l'église St-Michel est celle qui se développe sur les plus vastes dimensions. Son transsept s'étend sur une longueur de 30 mètres 60 centimètres et a dès-lors 40 centimètres de moins que notre transsept.

La Cathédrale d'Auch a deux portes latérales aux extrémités de son transsept. Or, la distance d'une porte latérale à l'autre qui forme la plus grande largeur de l'édifice n'est que de 23 mètres 89 centimètres. La largeur de sa grande nef est de 11 mètres 4 cent.

Quant au clocher surmonté de la flèche et de la croix et que nous ne considérons en ce moment que sous le rapport de son élévation, il ne serait pas trop téméraire, ce nous semble, de le ranger parmi les trente plus élevés du monde entier, si du moins nous devons nous en rapporter à un tableau comparatif des hauteurs de tous les monuments que nous avons eu sous les yeux.

Nous voulons bien que depuis quelques années on ait bâti en France et ailleurs des flèches très-élancées, qui nous relèguent peut-être un peu plus loin.

Mais nous n'en devons pas moins être fiers de la place que nous occuperons et l'étranger qui viendra dans nos murs sera ravi d'admiration en contemplant de loin cette flèche aérienne qui se profilera majestueusement dans notre ciel si pur et sera un des plus beaux ornements de notre cité. (1)

Nous avons assisté en 1863 au congrès de Malines à une lutte assez vive, mais toujours courtoise, pleine d'intérêt et de science sur le genre architectural qui convient le mieux aux édifices religieux. Le sentiment qui nous est resté de cette discussion brillante, c'est qu'il ne faut pas se montrer exclusif, c'est qu'il ne faut répudier aucune forme de l'inspiration chrétienne dans les arts.

Cela est vrai et cependant le style ogival nous paraît préférable à tout autre pour les églises.

(1) Les tours de Notre-Dame de Paris sont moins hautes de 27 pieds, ou 0 mètres que le clocher de la nouvelle Eglise, comme on peut le voir par les vers suivants :

> Si tu veux savoir comment est ample
> De Notre-Dame le grand temple
> Il a dedans œuvre pour le *seur*
> Dix-sept toises de hauteur,   (31 mètres.)
> Sur la largeur de vingt-quatre   (48 mètres.)
> Et soixante-cinq sans rabattre   (130 mètres.)
> A de long ; *aux tours haut montées*
> *Trente-quatre* sont bien comptées.   (08 mètres.)

Les deux flèches jumelles de St-André de Bordeaux ont 80 mètres de hauteur et ne dépassent par conséquent que de 3 mètres notre flèche.

« Nos temples gothiques, disait un architecte de ce XVIIIe
« siècle, si hostile au moyen-âge , offrent par leur légèreté
« apparente et par leur élévation prodigieuse des beautés
« qu'on ne trouve ni à Saint-Sulpice, ni à Saint-Roch, ni
« dans les églises modernes du genre grec. Ici notre esprit
« admire ; des idées de grandeur, de richesse et de majesté
« le frappent ; mais dans les églises gothiques, c'est l'âme
« qui est émue ; c'est notre âme qui s'élance en quelque
« façon hors de ses liens, ou qui, recueillie en elle-même,
« éprouve des sensations inconnues et délicieuses, »
(Almanach des Artistes par l'Abbé Lebrun).

On a dit, et avec raison selon nous, que l'architecture
gothique est notre architecture nationale. C'est l'architecture
ogivale du XIIIe siècle, qui représente l'apogée de l'art en
France. La France est plus riche qu'aucun autre pays en
beaux monuments du XIIIe siècle et Notre-Dame de Paris,
la Sainte-Chapelle, Notre-Dame de Chartres, les cathédrales
d'Amiens et de Reims, celles de Strasbourg, de Sens,
de Bourges, de Coutances, de Bayonne, sont des églises de
style ogival, auxquelles aucune église d'Allemagne, d'Angle-
terre, d'Italie et d'Espagne ne saurait être comparée. Aussi
il n'est pas étonnant que les artistes français aient été
appelés dans tous les pays de l'Europe.

Lanfranc et Guillaume de Sens ont coopéré à la construction de la cathédrale de Cantorbéry ; Pierre de Bonneuil
obtint du prévôt de Paris la permission de partir avec
plusieurs de ses élèves pour aller en Suède bâtir la
cathédrale d'Upsal en 1258. Maître Jean éleva au XIIIe siècle
la cathédrale d'Utrecht. Plusieurs artistes français ont tra-
vaillé à la cathédrale de Milan ; ce fut un nommé Richard

Taurigny de Rouen, qui sculpta les stalles de cette église, ainsi que celles de Sainte-Justine de Padoue.

Eh bien ! ce style, dans lequel s'immortalisèrent les artistes français du XIIIe siècle, c'est celui qui a été adopté pour l'église Saint-Martin. Il sera facile de le reconnaître à l'arc brisé, aux nervures des voûtes, aux fenêtres allongées, aux crochets et aux feuillages qui orneront les chapiteaux, à la substitution du plan polygonal au plan semi-circulaire des absides romanes, et à un cachet particulier que porte l'ensemble du monument, et qui ne saurait échapper à tous les vrais connaisseurs.

Nous ne censurons pas un certain éclectisme que plusieurs architectes de nos jours ont cherché à populariser et dont nous avons vu quelques specimens assez bien réussis. Mais nous préférons encore l'unité de style qui a été observée dans la construction et dans la décoration de la nouvelle église.

Les arcades, qui s'ouvrent entre les colonnes monostyles, sont du plus pur XIIIme siècle et se retrouvent à Notre-Dame de Paris entre les grosses colonnes qui séparent la nef des bas-côtés. Ce n'est ni du byzantin, ni du moresque, comme quelques uns l'ont prétendu, mais du gothique conforme aux traditions et au bon goût.

La nef centrale est convenablement ornementée. Deux ordres d'architecture sont superposés l'un à l'autre.

L'ordre inférieur se compose d'une série de colonnes monostyles en pierre d'Arudy, dont les masses, destinées à soutenir en grande partie l'édifice présentent un aspect vraiment imposant. Ces colonnes sont reliées entre elles par des arcs-doubleaux à double voussure.

Le second ordre est formé par des groupes de trois colonnettes disposées en encorbellement. Elles s'élancent à la hauteur de la naissance de la grande voûte et portent les arcs-ogives, les nervures diagonales et les formerets qui se croisent au centre de la travée et lui servent d'encadrement. Ces faisceaux de colonnettes minces, sveltes ont leur base posée immédiatement, sans entablement intermédiaire, sur le tailloir des grosses colonnes et garnissent les étages supérieurs. Elles sont en pierre d'Angoulême et tranchent par leur blancheur aussi bien que par leur légèreté avec les colonnes monostyles aux teintes grisâtres.

De même qu'il y a deux ordres superposés, il y a deux étages; l'étage des roses séparé du rez-de-chaussée par un premier bandeau d'un effet ravissant, et l'étage des voûtes.

Dans le premier étage règnera une rangée de roses ajourées d'étoiles, d'hexagones et de ronds. Destinées à éclairer les combles des bas-côtés et à ventiler l'église, elles seront disposées dans l'axe de chaque travée. Un second bandeau les séparera de l'étage des voûtes, qui sera percé dans chaque entrecolonnement de trois fenêtres accouplées.

Ici comment ne pas admirer cette belle ornementation de la nef centrale! Sans doute nous ne pouvons en saisir toute la beauté par une simple description, mais déjà nous la pressentons, et ce plan nous paraît former un ensemble délicieux.

Les nefs secondaires sont ornées de colonnettes qui

portent les retombées des voûtes. Seulement l'architecte
a eu une heureuse idée à laquelle nous ne pouvons qu'ap-
plaudir. Pour ne pas gêner la circulation et peut-être aussi
pour préserver les colonnettes de toute dégradation, il a
disposé leurs bases en encorbellement à deux mètres
au-dessus du sol.

Passons à l'ornementation du transsept. La face Sud, à
droite et à gauche du chœur, est divisée en deux travées,
dont les arcades s'ouvriront sur les quatre chapelles absidales. Les autres faces ont leur soubassement décoré
d'arcades aveugles. Deux grandes roses occuperont la
largeur des pignons Est et Ouest.

Semblables à celle de la nef, les travées du transsept
en différeront dans la disposition de la voûte qui prendra
toute la longueur d'un croisillon. La voûte centrale du
transsept sera soutenue par quatre piliers principaux de
2 m. 10 c., auxquels sont adossés des faisceaux de
colonnettes, suivant la retombée des grands arcs-doubleaux,
diagonaux et formerets.

Le chœur est exhaussé de quatre marches. Il comprend
deux travées auxquelles font suite *les sept travées de
l'abside.*

Remarquons en passant que le nombre *sept* a reçu dans
l'Ecriture Sainte, une sorte de consécration. — Ainsi la
semaine se compose de sept jours et l'on doit se reposer
le septième, à l'exemple du Créateur. Dans l'ancienne loi,
il y avait le chandelier d'or à sept branches. Chaque septième année, les Hébreux devaient laisser reposer leurs
terres. Raphaël dit à Tobie : « Je suis l'un des sept Anges
qui sont toujours présents devant le Seigneur. » La nou-

velle loi possède sept sacrements, et, dans celui de l'ordre, il y a sept degrés. L'apôtre St-Jean écrit son Apocalypse et l'adresse aux sept églises d'Asie, figurées par sept chandeliers d'or ; il voit aussi leurs anges protecteurs sous l'emblème de sept étoiles, et plus tard, sept coupes remplies des fléaux de la colère de Dieu.

Nous ignorons si l'architecte a eu ce symbolisme en vue ; nous remarquons seulement que l'abside a sept travées, qui seront éclairées par sept fenêtres simples, percées dans les tympans de l'étage des voûtes, et ce même chiffre se reproduisant dans les sept autels que possèdera la nouvelle église, nous nous bornons à constater ce rapprochement.

Jusqu'à la hauteur des tailloirs des colonnes de la nef, le mur du chœur et de l'abside est uni.

La décoration se composera des stalles et de peinture. Entre ce tailloir qui pourtournera l'abside et le premier cordon sous l'étage des roses, il y a une série d'arcatures formant niche, destinées à recevoir plus tard de la peinture. Les roses du chœur, comme celles de la nef, seront en partie aveugles, mais celles de l'abside seront entièrement ouvertes, vitrées et contribueront avec les sept fenêtres, dont nous avons déjà parlé, à donner du jour sur l'autel.

Rendons hommage en terminant ce chapitre au goût éclairé de l'éminent architecte de St-Martin. Le restaurateur de la Ste-Chapelle, le plus beau type sans contredit de peinture décorative, a voulu que la peinture entrât dans son plan de décoration du nouveau sanctuaire. Et il en devait être ainsi, puisque le style adopté pour l'église

St-Martin rentre dans les données de l'architecture du XIII° siècle.

« L'architecture du XIII° siècle, dit M. Villiet, employait « la décoration peinte comme un moyen d'arriver à un « effet calculé et prévu. Elle devint donc polychrome à « l'intérieur pour mettre en évidence et faire *sentir* les « parties essentielles du monument que l'obscurité, causée « par l'emploi général des verrières colorées, aurait « noyé dans un ensemble confus. Les surfaces planes, « laissées par les colonnes et les arcs, ne portaient le plus « souvent que des indications d'appareil, des assises régu- « lières, au moyen d'un ou deux traits d'un rouge sombre, « sur un fond de couleur uniforme et terne. Rarement ces « surfaces se couvraient de figures de saints ou de scènes « pieuses. On les réservait pour les verrières. La peinture « murale resta donc à peu près décorative, au lieu d'être « une peinture d'*histoire* comme dans les siècles antérieurs.

» Les voûtes furent peintes en bleu, semées d'étoiles d'or » pour imiter l'azur des cieux. D'autres fois elles étaient » ornées, sur fond blanc, de fleurons ou d'étoiles rouges ; » ou bien on se bornait à les décorer d'un tracé d'appareil, » comme aux surfaces verticales.

» On réservait souvent, dans les grands édifices, une » décoration plus riche et des couleurs plus puissantes pour » les chapelles absidales, celles de la Vierge surtout. » (*Essai sur l'histoire de la peinture murale*).

Nous donnerions une idée incomplète de l'ornementation intérieure de l'église, si nous n'ajoutions que 67 fenêtres ogivales, 7 rosaces et les deux grandes roses du transsept qui n'auront pas moins de 7 mètres de diamètre, verseront la lumière à flots dans la nef centrale, le transsept, le chœur et l'abside.

Chaque nef secondaire sera éclairée par six baies. Deux fenêtres donneront du jour à chacune des chapelles des morts et des fonts. Trois ouvertures éclaireront les chapelles polygonales à côté du transept.

Nous n'avons rien dit encore de la tribune des orgues parce que le plan n'en est pas définitivement arrêté. Il s'agit de trouver une combinaison qui permette d'installer dans cette tribune l'orgue et la maîtrise,

On sait que notre maîtrise est organisée, comme les maîtrises des premières paroisses de Bordeaux et d'autres grandes villes, et qu'elle a de véritables éléments de succès. — Elle est sous la direction de M. Léandre CZERNIEWSKI, maître de chapelle de St-Martin. Il est inutile de faire l'éloge de ce jeune artiste, dont la paroisse est si justement fière.

Formé à l'école des grands maîtres, travailleur infatigable, dévoré d'une noble passion pour son art, il a révélé son talent dans des compositions qui lui ont valu, nous le savons, les suffrages et les encouragements de nos artistes les plus éminents. Après nous avoir charmés pendant longtemps sur *l'harmonium*, auquel il arrache des accents dont il a seul le secret, il n'est pas moins apprécié *sur l'orgue*, et il laisse entrevoir ce que l'on peut attendre de sa science musicale et de son goût, lorsqu'il aura un instrument digne de lui.

Nous saisissons avec bonheur cette occasion de lui donner un témoignage bien légitime de notre satisfaction et de celle de tout le public éclairé.

Après mûre réflexion, nous avons repoussé le projet d'un orgue d'accompagnement au chœur. Uu buffet d'orgue en effet dégrade le sanctuaire et en détruit le coup-d'œil.

Puis, il nous semble qu'il n'y a rien de si contraire à la piété et au recueillement des fidèles, que tout ce mouvement qu'entraînent dans le personnel qui doit l'interpréter, la préparation et l'exécution d'un morceau de chant et surtout de musique instrumentale.

Si nos souvenirs ne nous trompent, c'est toujours à l'orgue que se tiennent les exécutants en Belgique. Dans l'antique basilique de Saint-Rombaud à Malines, et à Notre-Dame d'Anvers, cette belle église à sept nefs, nous avons entendu des chœurs d'une puissance et d'une richesse d'accords étonnantes. Les chanteurs et les instrumentalistes étaient placés à l'orgue, et pendant que de ce lieu élevé, des flots d'harmonie inondaient l'enceinte sacrée, les cérémonies liturgiques s'accomplissaient dans le sanctuaire sans le moindre trouble, avec une majesté calme et imposante.

CHAPITRE III.

Ornementation extérieure. — Porche. — Porte principale. — Portes latérales. — Contreforts. — Clocher.

A l'extérieur ce sont en général des murs unis , percés de fenêtres à simple ébrasement et couronnés d'une corniche à modillons. Cette sobriété d'ornementation communique au monument un caractère de grandeur et de sévérité, qu'il est facile de comprendre et qui plonge l'âme dans une sorte de rêverie religieuse.

Ce n'est pas du luxe de la décoration que résulte la beauté architecturale d'un édifice. Elle se tire plutôt de la pureté des profils, du rapport qui existe entre les pleins et les vides , de la proportion établie entre la largeur et la hauteur, de la combinaison des lignes horizontales et verticales , dont se compose l'ossature du monument.

Il suffit de jeter un coup-d'œil sur la nouvelle église,

pour y trouver tous les éléments d'une harmonie puissante, et pour éprouver une de ces satisfactions douces que la contemplation du beau dans tous les genres est en possession de faire naître.

Les voûtes seront contrebutées par des arcs-boutants s'appuyant sur des éperons élevés en face de chacun des arcs-doubleaux. Les arcs-boutants se montrent pour la première fois dans l'architecture du XIIIme siècle ; c'est à juste titre qu'on les a appelés des arcades aériennes. Au transsept et à l'abside, des contreforts simples sans arcs-boutants, mais ayant une saillie considérable et découpés en pyramides maintiendront la poussée des voûtes.

Sans nous arrêter d'avantage aux détails des façades latérales, où deux portes à colonnettes et ornées d'un gracieux tympan donnent entrée dans les nefs secondaires, nous arrivons à la façade principale qui mérite de fixer notre attention.

Au rez-de-chaussée, c'est un porche majestueux dans sa simplicité, flanqué à gauche, suivant les prescriptions liturgiques de la chapelle des fonts et à droite de la chapelle des morts. Contraste plein d'enseignements ! D'un côté la naissance à la vie présente, de l'autre la naissance à la vie future et au milieu, servant de lien mystérieux entre ces deux actes solennels, la maison de Dieu, l'Eglise, qui a des sourires pour celui qui arrive, et des larmes et des prières pour celui qui s'en va.

L'arcade d'entrée du porche et la porte de la nef ont la même ornementation. Le soubassement est en pierre d'Arudy. Les pieds-droits sont occupés par une rangée de trois colonnettes, surmontées de chapiteaux sculptés, qui soutiennent une arcade à triple voussure.

Les claveaux des voussures sont alternativement en pierre d'Angoulême et en pierre d'Arudy, afin de ménager la transition entre le soubassement et les constructions supérieures.

Deux escaliers disposés à droite et à gauche du porche conduisent aux divers étages.

Le porche, ornement rare parmi les églises romanes, plus fréquent parmi celles qui sont ogivales, n'était pas seulement destiné à garantir de la pluie les portes du temple, à offrir un asile momentané aux fidèles. Dans les premiers siècles, il était réservé : 1° aux pauvres à qui l'on permettait, comme aujourd'hui, de demander à la porte de l'église, 2° aux païens que le diacre congédiait de l'église au moment de la célébration des mystères divins.

Au-dessus du porche s'élèvera le clocher avec ses quatre étages à section quadrilatère et la flèche à section octogonale, qui le couronne.

Le premier étage qui est celui de la tribune des orgues sera richement ornementé. Il sera éclairé sur la face principale par deux baies ogivales qu'entoureront deux arcs retombant sur des colonnettes à chapiteaux sculptés.

Au-dessus de ces baies, un espace circulaire de deux mètres environ de diamètre contiendra en incrustation *un bas-relief*, représentant St-Martin à cheval partageant son manteau.

Une grande arcade ogivale, qui joindra les contreforts d'angle et reposera sur des colonnettes encadrera les baies et le bas-relief.

Le deuxième étage, qui conduira au comble de la grande

nef sera décoré de fenêtres simples. Un bandeau avec coupe-larme le séparera de l'étage de la tribune des orgues.

Le troisième étage qui est celui du beffroi, aura une magnifique décoration.

Pour que les cloches puissent lancer leurs volées aux quatre vents du ciel, le beffroi sera percé de trois baies élancées à chacune de ses quatre faces. Ces baies seront ornées de colonnes, qui auront des archivoltes décorées de dents de scie, ou de feuillages.

Le quatrième étage sera séparé de l'étage du beffroi par une corniche richement ornée. Cette corniche reliera les amortissements des huit contreforts d'angle du clocher. Aux quatre angles de la tour, quatre clochetons serviront comme de satellites à la flèche et formeront la transition entre celle-ci qui sera octogonale et le clocher carré. Du sein des quatre clochetons, la flèche prendra son vol vers les nues. Elle sera ajourée de roses sur les huit faces et terminée par une croix très-élevée, dont la pointe soutiendra le coq d'après un usage sacré qui remonte aux premiers siècles du christianisme.

On connaît les vers de Saint-Ambroise dans son hymne de Laudes du Dimanche :

Surgamus ergo strenuè
Gallus jacentes excitat
Et somnolentos increpat
Gallus negantes arguit.

Loin donc, loin le sommeil dont l'appat nous surmonte
La voix de cet oiseau condamne nos froideurs
Sa diligence est notre honte
Et ses cris redoublés réveillent les pêcheurs.

(Bréviaire romain en latin et en français.)

« Placé dans les catacombes, dit le savant abbé Gaume
» le coq prêchait aux premiers chrétiens la vigilance dont
» les pasteurs et les brebis avaient un égal besoin. Aux uns
» comme aux autres , il enseigne encore de nos jours la
» même vertu du haut de la flèche élancée de nos
» églises. »

Nous n'avons pas besoin de faire ressortir de nouveau
la hardiesse et la beauté de la flèche ,. qui dominera notre
Eglise. Elle nous montrera le ciel , en élevant au-dessus
de toutes les maisons de notre cité le signe sacré de la
Rédemption.

« C'est par la croix, dit un écrivain de nos jours , que
» J.-C. a sauvé le monde ; c'est par la croix que nous nous
» appliquerons le fruit de ses douleurs. Quelle est donc
» admirable cette prédication muette, mais éloquente ,
» surtout en un siècle ou le règne des sens et de la matière
» tend à s'établir. sur les ruines de la mortification !

» Entre la terre et le ciel, il y a tout un abîme à fran-
» chir ; mais sur cet abîme, la providence a jeté un pont :
» la croix ! Et il n'en est pas d'autre.

» Ou , si vous le préférez, la croix est celte échelle
» mystérieuse qui nous sert à gravir les faîtes ardues.
» et souvent escarpés de la vraie félicité. »

Voilà notre étude terminée. Quelque imparfaite qu'elle
soit, elle intéressera, nous l'espérons, tous les amis des
arts, et à leur tête nos magistrats municipaux, dont le zèle
intelligent est connu de tous et qui verront avec joie

dans la nouvelle église un des plus superbes ornement de la cité. Elle intéressera surtout les habitants de St-Martin en leur faisant entrevoir la magnificence du monument religieux, dont la paroisse va être dotée.

Au moyen âge des confréries s'établirent pour la construction des églises. Hommes et femmes, nobles et rôturiers, sans distinction de condition, de sexe ni d'âge, se dévouaient à cette œuvre admirable,

Chose merveilleuse ! avant d'entrer dans ces confréries, il fallait se réconcilier avec ses ennemis, afin de s'unir ensuite dans une commune ardeur pour bâtir à la gloire de Dieu ces basiliques qui s'appellent Chartres, Amiens, Beauvais, Coutance, Caen, Bourges, Bayonne. On voyait des hommes puissants dans le siècle, enflés de leur naissance et de leur richesse, des femmes, accoutumées à une vie molle et voluptueuse, s'attacher à un char avec des traits et voiturer eux-mêmes, à la place des animaux, le vin, le blé, la chaux, le bois, les pierres, le sable et généralement toutes les provisions de bouche et tous les matériaux nécessaires pour la construction de l'édifice sacré. Ces démonstrations, ce zèle enthousiasme ne sont plus de notre temps.

Et pourtant nous avons été témoins d'un élan incomparable, qui rappelle ces siècles de foi, et nous avons la confiance qu'il ne se ralentira pas. Quel est celui qui ne voudra concourir selon ses facultés à ce poème lapidaire, dont les stances harmonieuses s'impriment sous nos yeux en assises indestructibles ?

Qui ne sera fier de donner une pierre à une œuvre architecturale si remarquable ! Cette pierre s'animera sous le souffle de la charité , sous les bénédictions liturgiques et deviendra une prière permanente pour ceux qui l'auront fait entrer dans un si brillant appareil.

Puisse la joyeuse et élégante fiancée être bientôt parée de tous ses atours et prête pour les noces solennelles ! Puisse le premier Pasteur du diocèse, dont les libéralités ont enrichi sa corbeille, la consacrer bientôt, comme une blanche et chaste Vierge , à Jésus-Christ son époux : *Virginem castam exhibere christo !*

Ah ! puisse bientôt luire le jour, où nous chanterons une messe solennelle d'action de grâces dans le nouveau temple élevé à la gloire du Très-Haut, sous le vocable de l'illustre thaumaturge des Gaules ! Ce jour fortuné , hâtons-le par de nombreuses offrandes, par de généreuses largesses qui, réunies aux allocations importantes de la Ville, amèneront enfin l'achèvement somptueux de l'Eglise-Mère de Pau.

PAU, IMP. É. VIGNANCOUR.

www.ingramcontent.com/pod-product-compliance
Lightning Source LLC
Chambersburg PA
CBHW061142050726
47594CB00005B/2284